Lb 731.

TROISIÈME SÉRIE.
SEIZIÈME CHANSON.
20e LIVRAISON.

LE SALUT
DE LA FRANCE,
DANS LES ÉLECTEURS,

PAR LE MARQUIS DE CHABANNES.

J'ai fait plier Perrier, Vivien et la police;
J'ai bravé du parquet l'astuce et la malice,
Rien n'a pu résister au foudre de ma voix.
Ma force est contre tous dans le pouvoir des lois.

PARIS,
AUX BUREAUX DU RÉGÉNÉRATEUR,
Palais-Royal, galerie d'Orléans, n. 17, et passage
du Saumon, n. 27.

—

1831.

NOTA.

Ce présent écrit sera remis aujourd'hui 15 juin à tous les journalistes de Paris, et partira demain 16 par la poste pour tous ceux de la province, et pour deux, trois ou quatre imprimeurs dans chaque département. Il y arrivera donc à temps pour pouvoir y être réimprimé et répandu parmi tous MM. les électeurs. J'engage, au nom de la patrie et des dangers qui la menacent, tous MM. les journalistes à l'insérer en totalité ou on partie; et MM. les imprimeurs à le réimprimer, leur en donnant toute autorisation.

AVIS PRÉLIMINAIRE.

Je dois commencer par prémunir le lecteur contre l'impression qu'autrement il pourrait recevoir du titre dont je suis forcé de me servir et du mode que j'ai dû prendre pour déjouer les entraves que la police n'a cessé de mettre à la circulation de mes publications ; ces entraves ne sont-elles pas l'apologie de mes écrits, en même-temps qu'elles sont la condamnation de la marche que suit le ministère ? puisque

Jamais la vérité n'effraya la vertu:

Quoiqu'il en soit, seul, isolé, écrasé par la conjuration la plus injustifiable des journalistes et par le silence imperturbable qu'ils s'obstinent à garder sur les persécutions les plus méprisables et les plus révoltantes dont je suis devenu l'objet, je n'en ai pas moins déjà fait plier la police et fait rejaillir sur le ministère public la honte de ses nombreux méfaits. Que je puisse enfin obtenir la publicité, et bientôt, j'ose au moins encore l'espérer, je préviendrais bien des calamités.

Le salut de la France est dans la vérité,
Et de la dire au moins j'aurai la fermeté.
Français, dans ta raison je mets ma confiance,
Dans ton cœur fut toujours ma constante espérance.
Je brave tous les coups des ministres du Roi,
Et saurai les forcer d'obéir à la la loi.

Dans la crise où nous nous trouvons, le salut de la France tient d'un côté à éclairer les électeurs, de l'autre à ouvrir les yeux du Roi sur le bord de l'abime où les plus funestes conseils l'ont entraîné. Un an s'est écoulé depuis le mois de juin dernier. M. de Polignac n'agissait-il pas alors comme le fait en ce moment le présomptueux, l'astucieux, le furibond Perrier ? Les souvenirs de juillet pourraient-ils être si tôt effacés de la mémoire de ce nouvel insensé et de celle du Roi lui-même ?

A MESSIEURS LES ÉLECTEURS.

Air *de la Parisienne.*

Vous ignorez dans la province
Tout ce qui se passe à Paris,
Et soit pour ou contre le prince
Se tournent partout les esprits.
Il est donc d'une extrême urgence
De vous en donner connaissance;
    Puisqu'en ce moment,
    Du discernement
Dans vos choix et vœux, dépend évidemment
    Le salut de la France.

La source de l'affreux dédale
Dans lequel est la nation,
Sort du travers de la cabale,
Non de la révolution.
Il est donc d'une extrême urgence
De vous en donner connaissance;
    Puisqu'en ce moment,
    Du discernement

Dans vos choix et vœux, dépend évidemment
Le salut de la France.

Après avoir posé ces bases,
Je vais présenter à vos yeux,
Sans déguisement et sans phrases
Le but de ces ambitieux.
Il est de la plus grande urgence
De vous en donner connaissance ;
Puisqu'en ce moment,
Du discernement
Dans vos choix et vœux, dépend évidemment
Le salut de la France.

Afin d'être clair et précis, je vais présenter successivement les objets sur lesquels il est le plus urgent d'attirer l'attention des électeurs, et d'éclairer le jugement de tous les Français.

Je commence par demander à mes lecteurs de s'élever au-dessus du cercle étroit qui nous environne, et de tourner un instant leurs regards sur les siècles qui nous ont précédés.

Dieu créa l'homme pour vivre libre et non pour être esclave; régi par des lois, et non soumis aux caprices de qui que ce soit.

L'erreur est devenue la source de l'avilissement de l'espèce humaine, et de toutes les misères qui l'ont accablée jusqu'à nos jours. Trois causes en ont dirigé le cours. La première l'esprit prêtre, son ambition, ses intérêts mondains; la deuxième les passions, les écarts, les abus du pouvoir; la troisième les privilèges pécuniaires et les inégalités devant la loi.

Ces trois causes auraient dû avoir disparu pour nous : ne souffrons pas que l'influence du clergé reparaisse, ni que l'arbitraire puisse renaître un instant parmi nous (1).

---

(1) J'ai posé depuis long-temps ces thèses; je les ai parfois ébauchées dans mes écrits précédens; je les résoudrai aussitôt que je pourrai m'y livrer dans le calme du repos; mais il faut auparavant écraser l'hydre dont toutes les têtes sont prêtes à reparaître. Ne nous

Nous avons à nous garantir de deux écueils : le premier d'ajouter la moindre foi à la sincérité des conseils de la couronne. Les divisions excitées parmi nous, sont en parti leur ouvrage ; l'indignation et la fermentation qui existent, ne sont que les fruits de leur manque d'accomplissement à leur promesse, de fidélité à leur devoir, à leurs sermens. La Charte devait être une vérité, la liberté et les droits des citoyens à jamais garantis de tout arbitraire. Depuis un an, qu'avons-nous vu ? si ce n'est la bassesse, la turpitude, la faiblesse, l'incertitude, la tergiversation ? et aujourd'hui que voyons-nous, si ce n'est

---

le dissimulons pas, depuis un an les gouvernemens se sont conjurés plus que jamais pour arrêter l'essor que prenait l'esprit humain, et le myopisme des conseils de Philippe Ier, joint au plus exécrable machiavélisme, du type de gloire et de prospérité où nous devions monter, nous ont rabaissés à l'extérieur au dernier degré d'avilissement, tandis qu'ils nous ont plongés à l'intérieur dans un dédale devenu presque inextricable. Jamais il ne fut de marche plus coupable !

encore la fourberie, la violence et la folie? les Polignac, Peyronnet et Mangin approchèrent-ils des écarts et de l'arbitraire des Perrier et Vivien? Louis-Philippe paraît-il moins égaré, moins aveuglé, moins déçu que ne le fut Charles X? Charles X chassait au lièvre, Louis-Philippe court après les votes; voilà la différence. Mais les électeurs ne se laisseront sans doute pas prendre aussi facilement; dès-lors, à quoi auront abouti ces apparitions subites, si ce n'est à avoir donné un spectacle dont le souvenir a disparu le lendemain. Que de délires de tous côtés! je le demande à l'homme le plus aveuglé, quel est celui qui ne verra dans ces courses inattendues et si rapides l'arrière-pensée de maître Perrier? *Fasciner les yeux des électeurs par la présence et par les discours dont il a mis une pacotille dans la valise du Roi*; voilà la haute conception de ce sublime génie. Peut-on pousser plus loin l'illusion et l'absurdité! Premièrement, qu'est le Roi, si ce n'est un prince élu? Par qui? en vertu de quel pouvoir légal fut-il élu, je prends la liberté de le demander à maître Perrier, aux Guizot, aux centres, et à toute la séquelle des doctrinaires ? Or, le langage qu'un ministre infatué place dans la bouche du Roi, n'est-il pas, aux yeux de la raison et du droit, au moins erroné, à ceux de la convenance, plus incohérens, et même plus déplacé ? Fussions-nous régis par le droit divin et par la légitimité, il serait impolitique; qu'est-il alors *sous le fils de l'Égalité* (1)?

Je sais que nul enfant, en thèse générale, ne doit être entaché de la mémoire de son père, que même le sort eût-il placé son origine dans la classe la plus basse, et que des chances extraordinaires l'eussent élevé dans la plus haute, elle ne donnerait alors qu'un plus grand lustre à ses vertus. Je sais aussi que Louis-Philippe est dans sa famille un modèle d'époux, de père et de toutes les qualités. Je regarde ses enfans élevés parmi les nôtres, comme les plus propres à réaliser nos espérances : mais que doit nous importer désormais les impressions et les sentimens personnels du chef de l'état ? Les lois doivent pour lui comme pour nous être à l'avenir des barrières qu'aucune volonté ou passion humaine ne puissent franchir. Ce serait retomber dans tous les travers et les illusions de l'absolutisme que d'attacher aucun autre prix à sa présence que celui de la curiosité. Je ne connais rien de plus inconstitutionnel et de plus choquant que ce langage de la légitimité, du droit divin et de l'absolutisme dans la bouche d'*un chef de l'état élu*, et dont l'élection n'a pas même encore reçu la sanction et la ratification de la nation. Aucun électeur ne se méprendra donc au but de ces voyages et aux discours d'apparat. Dès-lors ces démonstrations hors de toutes mesures, telles que les processions que les Quélen et les Latil faisaient faire à Charles X, pourraient bien faire, à l'égard de Louis-Philippe Ier, un effet contraire à l'attente des Dupin et des Perrier.

Le second écueil dont les électeurs ont pareillement à se garantir, serait de tomber dans l'excès opposé, je veux dire dans l'effercence des partisans du républicanisme. Ils sont peu à craindre, et je vais le démontrer. Premièrement leurs sentimens sont purs, nobles et élevés; et, loin de nous conduire au retour de 93, si un gouvernement républicain se fût établi il y a un an, le désintéressement, la philosophie et les vertus héroïques y eussent prédominé; mais la prudence suggérera et commandera à tout franc partisan de ce système d'y renoncer et de revenir au gouvernement qui nous fut promis et qui eût réuni toutes les opinions et tous les partis, sauf un très petit nombre d'incurables entraînés par leurs intérêts, ou aveuglés par les préjugés. Je veux dire la monarchie constitutionnelle basée sur trois pouvoirs : celui du trône, n'importe le nom du chef de l'état, empereur, président ou roi, pourvu qu'il ne soit que le pouvoir de l'exécution des lois, et qu'il n'en soit ni l'interprète, ni l'arbitre, et pourvu qu'il soit soumis à leur frein autant que le dernier des citoyens; celui d'une chambre intermédiaire élective à vie; celui des représentans du peuple et des défenseurs de ses intérêts et de ses droits.

Voilà l'arbre de réunion et la planche de salut pour tous, le but que nous devons contempler et que chacun doit concourir à atteindre. C'est de vous en ce moment, MM. les Electeurs, que dépend le premier pas qui doit nous y conduire.

Écartez avec soin de toutes les élections les membres du centre de la dernière assemblée. La pureté de leurs intentions que j'aime à supposer et me plais même à croire, ne saurait les disculper de leurs coupables égaremens. Ils ont outre-passé vos pouvoirs, ils ont usurpé vos droits; ils se sont érigés vos souverains arbitres; ils ont dès-lors abusé de votre confiance et ont dû l'avoir perdue pour toujours. Ils ont été les corrompus ou les aveugles instrumens des ministres, ils ont dès-lors vendu ou sacrifié tous vos intérêts. En prolongeant leur usurpation et leur permanence, aussi loin qu'il leur a été possible, c'est eux qui nous ont enfouis dans le dédale dont vos nouveaux mandataires doivent nous arracher. Vous espéreriez en vain qu'éclairés par l'expérience, ils changeraient de conduite, l'amour-propre ou l'intérêt les égareraient indubitablement encore. Évitez en même-temps de fixer vos nouveaux choix sur des esprits violens ou exaltés, quoiqu'ils seraient moins dangereux encore que le retour des premiers. Ce sont des gens fermes et indépendans, purs et incorruptibles qui seuls peuvent nous sauver.

Le premier devoir de la nouvelle assemblée sera de révendiquer vos droits et de reviser ou de renverser ce qui lui paraîtra susceptible de l'être.

La politique et la prudence leur indiqueront de confirmer l'élévation de la branche d'Orléans à la couronne; mais en même-temps de placer des bornes à toute usurpation future de nos droits et de nous garantir contre le retour de tout arbitraire.

Nous nous trouvons à peu près sur tous les

points, en ce moment, dans la même position où le gouvernement et la nation se trouvaient placés au mois de juin dernier. Louis-Philippe ne peut trop se hâter de détourner l'orage, au lieu de laisser ses ministres l'entraîner à le braver. Les opinions sont peut-être encore plus refroidies qu'elles ne l'étaient alors; Charles X avait un corps considérable de troupes, et eût pu compter sur une grande partie de l'armée; il avait pour lui tout le parti prêtre, la noblesse en général attachée à la légitimité, et dont tant de dégoûts n'avaient pu ébranler la fidélité. Il aurait eu toute la garde nationale s'il l'eût rappelé à temps sous les drapeaux, et fait une légère apologie de ses torts envers elle. — Où est Charles X?.... Puisse Louis-Philippe ne pas se livrer à une illusion qui pourrrait lui devenir bien plus funeste: il aurait peut-être pour lui encore moins de partisans que Don Pédro n'en trouva au Brésil au moment du conflit. La moindre clairvoyance lui inspirera de ne pas attendre jusqu'au dernier moment pour ouvrir les yeux sur la situation où ses propres tergiversations l'ont placé. Je termine en lui rappelant que juin précéda juillet, et en lui exprimant mes vœux pour que l'orage qui se prépare n'éclate pas avant même la révolution entière de l'année.

(1) Je suis tellement scandalisé de tant de choses, que je rapporterai ici deux faits que je puis garantir, en ayant été témoins oriculaire et occulaire. Le premier, le mercredi 27 juillet, je fus éveillé vers les quatre heures du matin, par un nombre de voitures qui passaient avec une grande vitesse (je demeurais rue de Valois du Roule). Lorsque mon domestique entra dans ma chambre, je lui demandai ce qui avait occasionné ce bruit. — C'est, me répondit-il, le duc d'Orléans et sa famille qui ont pris la fuite.

Le 30 juillet je me trouvai dans le jardin du Palais-Royal, où je vis sortir, de la porte de la gallerie du milieu, un homme en fraque, tenant un papier à la main, et suivi d'une douzaine de personnes ; il monta sur une chaise ; je me trouvai l'un des premiers à l'entourer, attiré par la curiosité. Or, voici entr'autres ce que j'entendis. Je ne me rappelle pas textuellement des mots, mais ils furent insérés alors dans tous les journaux.

« *Appelé par le gouvernement provisoire à la lieutenance générale du royaume, je m'empresse de venir secours,* » etc., etc.

Il faut convenir que le départ et le retour, le *descampativos* et la protection purent paraître n'avoir pas une complète coïncidence. J'étais à peine entré à mon bureau du Palais-Royal, lorsque cinq minutes au plus, après la lecture que je venais d'entendre, je vis le duc d'Orléans en petit uniforme d'officier-général, entrer dans la gallerie par cette même porte du milieu, et venant du jardin; il était suivi d'un petit homme maigre. Deux autres personnes vinrent au devant de lui, il serra l'une d'elle dans ses bras. A l'extrémité de la gallerie il tourna à gauche, fit le tour, gagna l'escalier de son palais, et arriva après sur la terrasse pour se montrer au public qui accourut de toute part, entendant les acclamations de *Vive le Roi!* Par qui furent-elles d'abord suggérées et prononcées? D'où sortit ce premier mouvement?...

Ayant été témoin de ces deux faits, j'avoue que, depuis, ces souvenirs me sont revenus, et que, comparant les phrénésies des Polignac avec les extravagances des Perrier, je me suis parfois dit en moi-même : N'aurait-on fait une révolution que pour rétrograder pire? MM. les Électeurs, c'est à vous à nous en garantir. Ayez donc soin que le chef de l'état ne soit autre chose que le pouvoir en nom de l'exécution des lois; soumis à leur frein, et dépouillé désormais de toute illusion de l'absolutisme. L'homme est né pour être libre et non esclave,

Et ne doit sur la terre obéir qu'à des lois;
Il est temps, plus que temps d'y soumettre les rois,
Et de cesser d'entendre un orgueilleux langage,
Choquant pour l'homme libre, et propre à l'esclavage.

Ce 15 au matin.

En revoyant l'épreuve ce matin, j'apprends les désordres qui se sont passés dans la rue du Faubourg-Saint-Denis. O mes égarés compatriotes! ne fermez pas en ce moment l'oreille à la voix d'un ami; vous ne pouvez pas plus servir vos ennemis et ceux de la race humaine, qu'en leur fournissant ce prétexte de calomnier vos intentions et d'exciter la garde nationale contre vous. Le machiavélisme est leur maxime. Soyons unis dans la plus ferme mais légale opposition, et n'opposons de résistance qu'aux abus du pouvoir, contre l'infidélité aux sermens et les infractions aux lois.

Imp. de J.-E. Belleman, rue St.-Denis, n° 268.

www.ingramcontent.com/pod-product-compliance
Lightning Source LLC
Chambersburg PA
CBHW070430080426
42450CB00030B/2396